AF461507

Notions Scolaires
DE MUSIQUE

PAR

A. LAVIGNAC

Professeur d'Harmonie au Conservatoire National de Musique

LIVRE DE L'ÉLÈVE

PRINCIPES THÉORIQUES — SOLFÈGE & CHANTS AVEC PAROLES

DEVOIRS A ÉCRIRE — QUESTIONNAIRE

Cartonné, Prix net : **1 fr. 50**

LIVRE DU PROFESSEUR

SOLUTIONS DES DEVOIRS

RÉPONSES AU QUESTIONNAIRE — DICTÉES

Broché, Prix net : **1 franc**

HENRY LEMOINE & Cie

17, Rue Pigalle, PARIS — BRUXELLES, Rue de l'Hôpital, 44

1905

NOTES DE L'AUTEUR

Le moment le plus convenable pour entreprendre les études musicales élémentaires est celui où l'enfant commence à savoir lire couramment, sans avoir besoin d'épeler et de décomposer les mots en syllabes.

Le présent volume contient la somme de travail que l'on peut raisonnablement exiger d'enfants fréquentant les établissements scolaires pendant la première année de leurs études.

Sa division en *80 Leçons* n'a rien d'absolu. Rien n'empêche le professeur d'utiliser deux ou plusieurs de ces Leçons en une même séance s'il a affaire à des élèves zélés et bien organisés, ou, inversement, de consacrer plusieurs cours consécutifs à une seule Leçon si elle paraît difficile à comprendre.

Chacune des 80 Leçons est divisée selon un plan uniforme :

1° *Exposition des principes théoriques*

2° *Questionnaire* et *devoirs à écrire* en dehors du cours.

3° *Chant avec paroles*.

Toutefois les deux premières sont dépourvues d'exercices de solfège, et les chants avec paroles n'apparaissent qu'à la 24e.

Dès la première, et jusqu'à la 8me leçon, puis ensuite de la 19me à la 25me, on trouvera des *Exercices d'écriture musicale* au point de vue de la calligraphie : l'élève devra faire ces exercices chez lui, entre deux classes, ainsi que les réponses au questionnaire et les devoirs écrits.

Au sujet du *Questionnaire*, je ferai observer qu'il contient presque toujours, à la suite des questions s'appliquant au point de théorie qui fait l'objet du chapitre, d'autres questions relatives à des sujets divers déjà traités ; ceci dans le but de les maintenir constamment dans la mémoire de l'élève.

A ces divers exercices s'ajoutent, à partir de la 5me leçon et continuant sans interruption jusqu'à la fin, des exercices de *Dictée musicale* qui, bien entendu, ne figurent que dans le livre du Professeur.

(Dans ce livre du Professeur, qui est un corrigé, on trouvera disposé systématiquement, pour chaque leçon : 1° Les réponses au Questionnaire. — 2° La Solution du Devoir. — 3° La Dictée enfin tout ce qui est nécessaire au professeur pour pouvoir effectuer les corrections sans perte de temps.

Bien que ce premier volume ne contienne des *Chants avec paroles* qu'à une seule voix, on trouvera, aux leçons 31, 78, 79, 80, de petits *canons* enfantins. Ces canons sont une excellente préparation aux chants avec paroles à plusieurs voix qui figureront dans le deuxième volume.

On doit les étudier ainsi : d'abord tous les élèves réunis, chantant à l'unisson ; ensuite en divisant les élèves en deux groupes, ce qui fournit un canon à deux parties ; enfin en les divisant en quatre groupes, et en répétant le *Canon perpétuel* jusqu'à ce que l'exécution en soit satisfaisante.

La plupart des leçons de solfège sont empruntées aux Solfèges des Solfèges ou à des Recueils de Chants populaires.

Les noms d'auteurs sont indiqués par les initiales suivantes :

Henry Lemoine	H. L.	Gustave Carulli	G. C.
Rodolphe	Rod. ou R.	R. Schumann	R. S.
Boëly	B.	Wohlfahrt	W.
Gossec	G.	J.-B. Duvernoy	D.

D'autres ont été écrites spécialement par mon ancien élève M. Jean Gallon (J.-G), qui m'a également aidé dans le classement général de l'ouvrage.

Enfin, toutes les fois qu'il a été nécessaire, en raison de la destination scolaire de l'ouvrage, que les paroles soient remaniées ou entièrement refaites, ce travail a été confié à M. Paul Géraldy, qu'indiquent les initiales P. G.

Je leur adresse ici tous mes remerciements.

A. L.

PREMIERE LEÇON

REPONSES AU QUESTIONNAIRE

1. La musique est l'art de produire des sons dans des conditions agréables pour l'oreille ou intéressantes pour l'esprit. — 2. On produit les sons musicaux par la voix et par les instruments de musique. — 3. La musique vocale est celle produite par la voix. — 4. La musique instrumentale est celle produite par les instruments de musique. — 5. Par des signes appelés notes. — 6. Il y a sept notes : Ut ou Do, Ré, Mi, Fa, Sol, La, Si. — 7. La portée est la réunion de cinq lignes horizontales sur lesquelles et entre lesquelles on écrit les notes. — 8. Interlignes. — 9. Quatre. — 10. De bas en haut.

DEUXIÈME LEÇON

REPONSES AU QUESTIONNAIRE

11. Une clef est un signe qu'on place sur une ligne au commencement de la portée, et qui donne son nom à la note écrite sur cette même ligne. — 12. Il y a trois sortes de clefs — 13. La clef de Sol, la clef de Fa et la clef d'Ut. — 14. Chaque clef donnant son nom à la note placée sur la même ligne, fait connaître par relation la place des autres notes échelonnées sur la portée selon l'ordre naturel de leur succession.

TROISIÈME LEÇON

RÉPONSES AU QUESTIONNAIRE

15. — La clef de Sol. — 16. Sur la deuxième ligne. — 17. Dans le deuxième interligne. — 18. Dans le premier interligne. — 19. On emploie de petites lignes nommées lignes supplémentaires. — 20. Au-dessus ou au-dessous de la portée, selon le besoin. — 21. Ré et Sol. — 22. Do. — 23. La. — 24. Mi. — 25. Si. — 26. Ré. — 27. Fa.

QUATRIÈME LEÇON

REPONSES AU QUESTIONNAIRE

28. Par la forme que l'on donne aux notes. — 29. Des sons différents. — 30. Des durées différentes. — 31. Sept. — 32. La ronde, la blanche, la noire, la croche, la double croche, la triple croche et la quadruple croche. — 33. Deux. — 34. Deux. — 35. Deux. — 36. Deux. — 37. Deux. — 38. Deux. — 39. — Quatre. — 40. Huit.

DEVOIR

CINQUIÈME LEÇON

REPONSES AU QUESTIONNAIRE

41. On divise les morceaux de musique en parties d'égale durée, et chacune de ces divisions s'appelle mesure. — 42. Par une ligne verticale nommée barre de mesure. — 43. Il y a trois mesures : La mesure à deux temps, la mesure à trois temps et la mesure à quatre temps. — 44. Par deux chiffres sous forme de fraction. — 45. Au commencement de la première portée. — 46. Par le chiffre 1. — 47. Par le chiffre 2. — 48. Par le chiffre 4. — 49. Par le chiffre 8. — 50. Seize. — 51. Soixante-quatre. — 52. Quatre.

DEVOIR

DICTÉES D'INTONATION

Les fragments sont formés de deux notes, une blanche et une noire, suivies d'un soupir :

L'élève doit en être prévenu, afin qu'il puisse appliquer son attention entière aux choses relatives à l'intonation.

Avant de commencer une dictée, on désignera à l'élève le ton choisi, puis on lui fera entendre la tonique, ou mieux encore, l'accord de tonique [a].

Chaque fragment doit être dit deux fois, en le reliant, la seconde fois au fragment qui vient ensuite, comme dans l'exemple suivant :

(a) Il est absolument inutile, dans ces dictées élémentaires, de faire entendre d'abord la leçon entière, ainsi que cela aura lieu plus tard (*v. page 161*), l'élève n'ayant jusqu'ici à discerner ni le ton, ni le mode, ni le rythme, qui lui sont indiqués d'avance.

Il est nécessaire que l'élève s'habitue, dès à présent, à *ne jamais écrire pendant qu'on chante*, mais seulement pendant l'arrêt ménagé entre les répétitions de fragments[a].

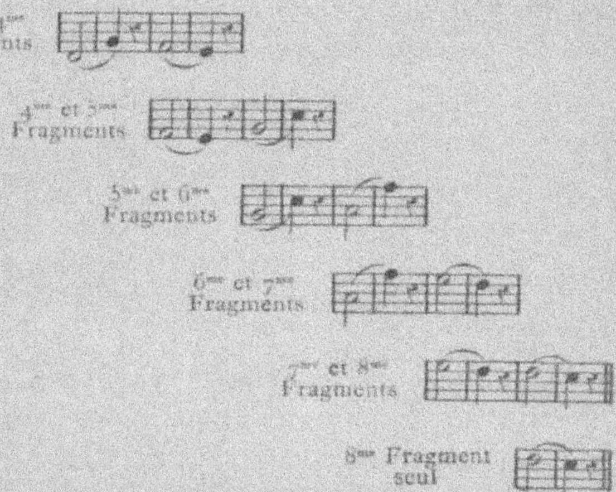

Après quoi, on lui fera entendre la dictée entière, sans interruptions.

La dictée terminée l'élève devra en faire rapidement l'analyse, dans la forme abrégée que voici :

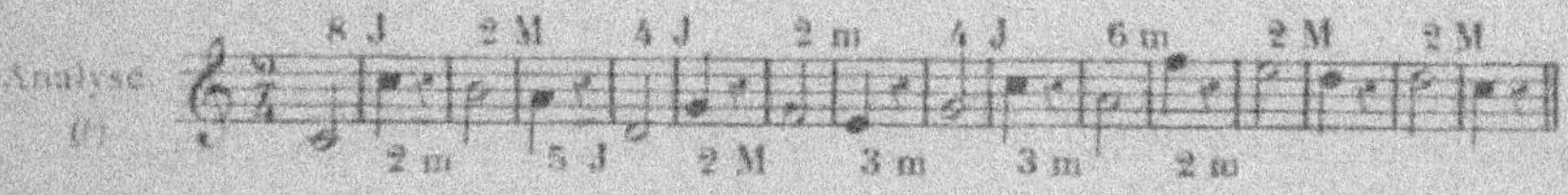

(a) Cet arrêt doit être prolongé seulement pendant le temps matériellement nécessaire pour écrire le fragment précédent. Trop long, il expose l'élève à perdre le sentiment de la tonalité. Trop court, il motive une précipitation qui peut être nuisible à la bonne exécution du travail.

(b) Abréviations : Juste, J; Majeur, M; mineur, m; diminué, d; augmenté, a.

DICTÉE

SIXIÈME LEÇON

RÉPONSES AU QUESTIONNAIRE

53. Il y a deux sortes de mesures : les mesures simples et les mesures composées. — 54. Il indique le nombre de temps. — 55. Il indique la figure de note qui remplit un temps. — 56. $\frac{2}{4}$, $\frac{3}{4}$ et $\frac{4}{4}$. — 57. Mesure à 2 temps dont chaque temps contient une noire. — 58. Mesure à 3 temps dont chaque temps contient une noire. — 59. Mesure à 4 temps dont chaque temps contient une noire. — 60. Par la lettre C. — 61. Trois. — 62. Quatre.

DEVOIR

DICTÉE

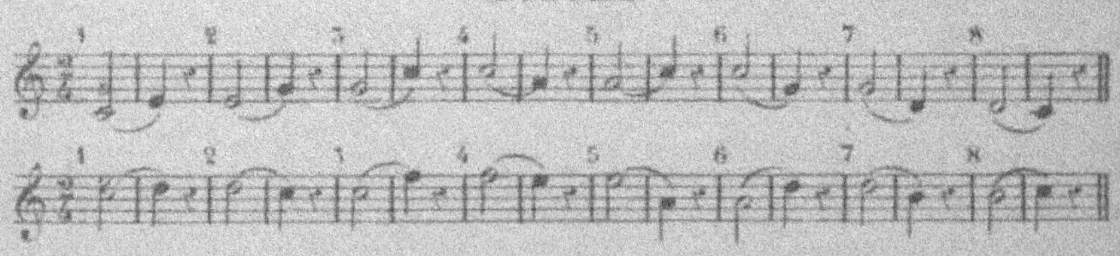

(a) On présentera la Dictée en commençant par la note écrite en gros caractères. — Si, par la suite, le professeur jugeait utile de faire refaire la même Dictée, il commencerait alors par la note-variante en petit caractère. — Ce changement de la note initiale défigure suffisamment le contour mélodique pour que l'élève ne le reconnaisse pas, et la même Dictée peut ainsi servir deux fois profitablement, sans que la mémoire intervienne, ce qui rendrait le travail illusoire.

SEPTIÈME LEÇON

RÉPONSES AU QUESTIONNAIRE

63. On appelle unité de mesure la valeur de note qui représente à elle seule la mesure entière. — 64. On appelle unité de temps la valeur de note qui représente un temps de la mesure. — 65. La noire. — 66. La ronde. — 67. Temps simples ou binaires. — 68. Deux. — 69. Quatre. — 70. Huit.

DEVOIR

HUITIÈME LEÇON

RÉPONSES AU QUESTIONNAIRE

71. La pause. — 72. La demi-pause. — 73. Le soupir. — 74. Le demi-soupir. — 75. Le quart de soupir. — 76. Le huitième de soupir — 77. Le seizième de soupir. — 78. Au-dessous de la quatrième ligne. — 79. Au-dessus de la troisième ligne. — 80. Généralement au milieu de la portée.

DEVOIR

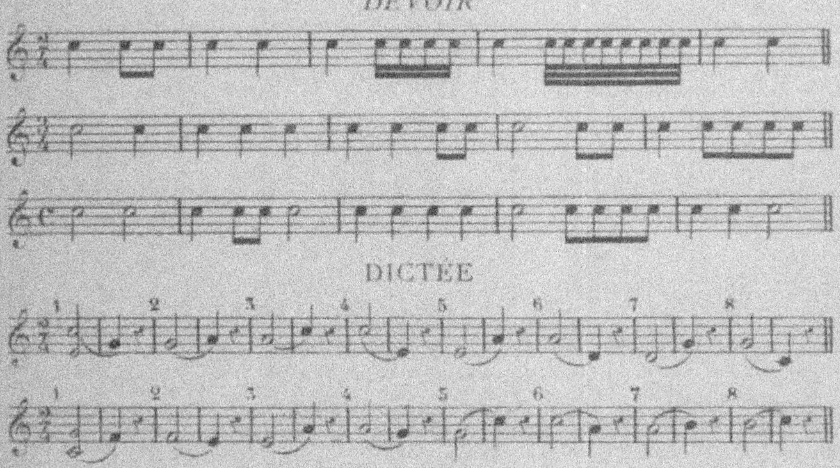

NEUVIÈME LEÇON

RÉPONSES AU QUESTIONNAIRE

81. La pause. — 82. Quatre. — 83. Huit. — 84. Seize. — 85. Deux. — 86. Le soupir. — 87. La demi-pause. — 88. Le soupir. — 89. La blanche.

DEVOIR

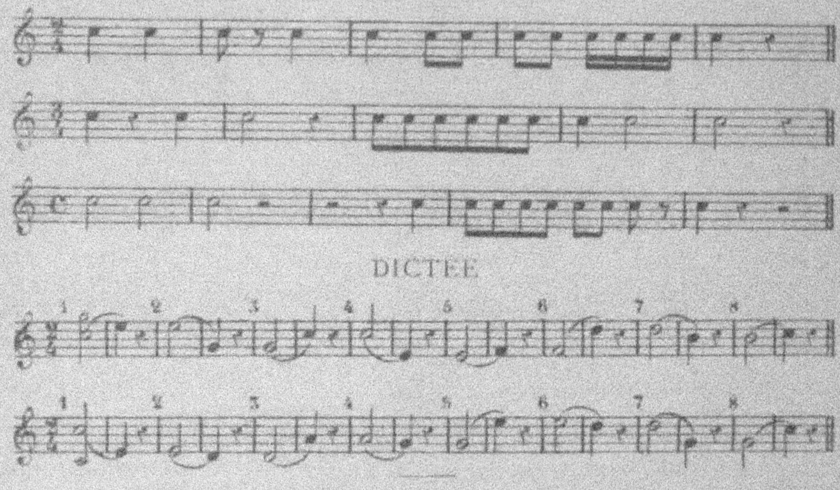

DIXIÈME LEÇON

REPONSES AU QUESTIONNAIRE

90. On bat la mesure avec la main droite, le coude rapproché du corps, sans raideur. — 91. Toujours en bas. — 92. Toujours en haut. — 93. Temps fort. — 94. Temps faible. — 95. Non. — 96. La pause. — 97. Huit. — 98. Seize.

DEVOIR

ONZIÈME LEÇON

REPONSES AU QUESTIONNAIRE

99. Le deuxième et le troisième temps. — 100. Par un triangle. — 101. Six. — 102. Douze. — 103. Huit. — 104. Douze.

DEVOIR

DICTÉE

DOUZIÈME LEÇON

REPONSES AU QUESTIONNAIRE

105. Le troisième temps. — 106. Le deuxième et le quatrième temps. — 107. Huit. — 108. Seize. — 109. Deux. — 110. Par un soupir. — 111. Soixante-quatre.

DEVOIR

DICTÉE

TREIZIÈME LEÇON

RÉPONSES AU QUESTIONNAIRE

112. — La gamme est une série de huit notes successives disposées dans l'ordre naturel des sons. — 113. La gamme est ascendante quand elle va du son grave au son aigu. — 114. La gamme est descendante quand elle va du son aigu au son grave. — 115. La gamme de Do Majeur. — 116. Degré. — 117. Huit. — 118. Mi. — 119. Sol. — 120. Si. — 121. Ré.

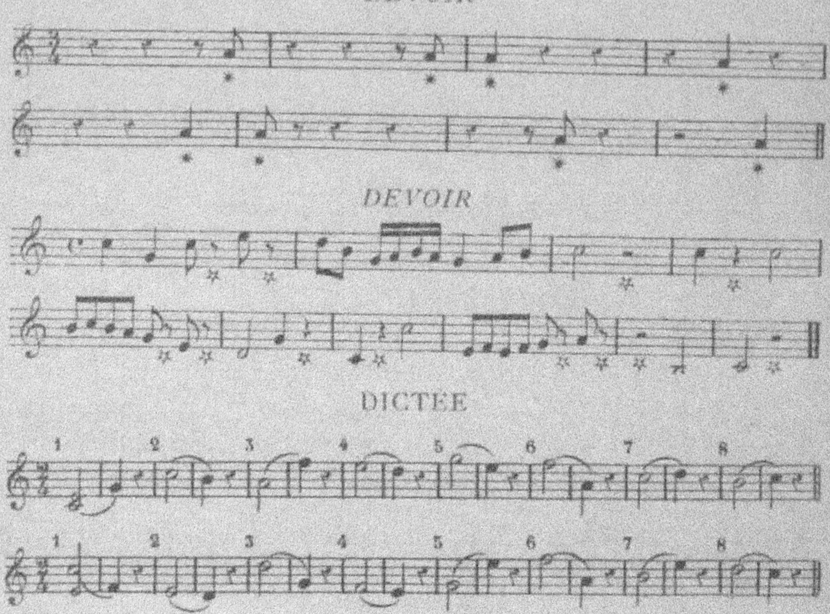

QUATORZIÈME LEÇON

RÉPONSES AU QUESTIONNAIRE

122. — On appelle intervalle la distance qui sépare deux degrés l'un de l'autre. — 123. Non, ils ne sont pas partout égaux. — 124. Ton. — 125. Demi-ton. — 126. De cinq tons et deux demi-tons. — 127. Entre le 1er et le 2e, entre le 2e et le 3e, entre le 4e et le 5e, entre le 5e et le 6e, entre le 6e et le 7e. — 128. Entre le 3e et le 4e et entre le 7e et le 8e. — 129. Un ton. — 130. Un ton. — 131. Un ton. — 132. Un demi-ton. — 133. Un demi-ton.

DEVOIR

QUINZIÈME LEÇON

RÉPONSES AU QUESTIONNAIRE

134. On appelle unisson, deux sons de même intonation, placés sur le même degré. — 135. Degrés conjoints. — 136. Le demi-ton. — 137. Le ton. — 138. Mi-Mi. — 139. La-La.

DEVOIR

DICTEE

A partir d'ici, les FRAGMENTS *pourront contenir plus de notes.*

Les rythmes adoptés ici pour l'étude sont :

(a) Des dictées divisées en fragments de 3 et 4 notes se trouvent dans l'ouvrage du même auteur : « *Cours complet de Dictée musicale* », vol. : 1, pages 17 et 29. (NOTE DE L'ÉDITEUR)

Ces trois combinaisons rythmiques doivent être portées à la connaissances de l'élève, au moment nécessaire, afin de lui éviter toute préoccupation étrangère à l'intonation.

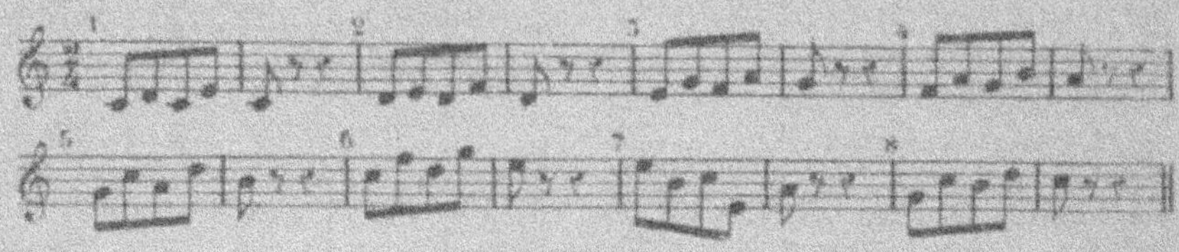

SEIZIEME LEÇON

RÉPONSES AU QUESTIONNAIRE

140. Degrés disjoints. — 141. Par des noms exprimant le nombre de degrés conjoints dont ils sont composés. — 142. Seconde. — 143. Quarte. — 144. Quinte. — 145. Tierce. — 146. Sixte. — 147. Septième. 148. Neuvième. — 149. Octave. — 150. Do-Fa. — 151. Do-Sol. — 152. Do-Si. — 153. Do-Mi.

DEVOIR

DICTÉE

DIX-SEPTIÈME LEÇON

RÉPONSES AU QUESTIONNAIRE

154. Quand il va du son grave au son aigu. — 155. Quand il va de la note aigue à la note grave. — 156. Par le chiffre 1. — 157. Par le chiffre 9. — 158. Par le chiffre 3. — 159. Par le chiffre 5. — 160. Par le chiffre 6. — 161. Par le chiffre 8. — 162. Par le chiffre 7. — 163. Par le chiffre 2. — 164. Par le chiffre 4.

DEVOIR

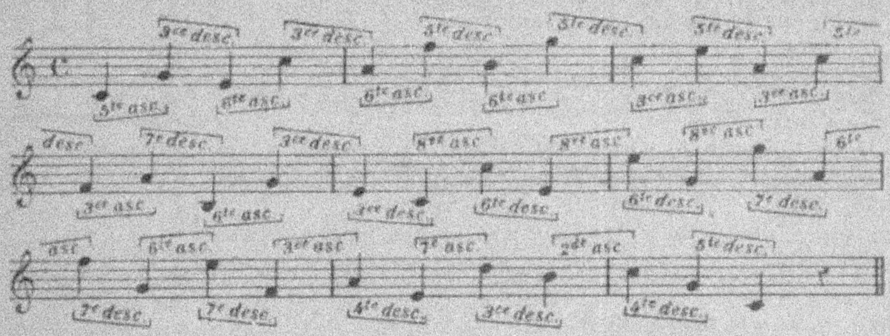

DICTÉE

DIX-HUITIÈME LEÇON

RÉPONSES AU QUESTIONNAIRE

165. On appelle Mouvement la manière de jouer ou de chanter plus ou moins vite. — 166. On appelle Nuances les différentes manières d'accentuer tel ou tel passage d'un morceau de musique. — 167. On emploie des termes italiens ou français. — 168. Large. — 169. Mouvement de la marche paisible. — 170. Modéré. — 171. Gai et vite. — 172. Vite. — 173. Très vite. — 174. En ralentissant. — 175. En retardant. — 176. En retenant. — 177. Faible. — 178. En augmentant. — 179. En diminuant de force. — 180. Diminuer le son. — 181. Fort. — 182. Très fort. — 183. Moitié fort. — 184. Fort et doux immédiatement.

DICTÉE

L'élève doit être prévenu que dans ces dictées, concernant les intervalles difficiles d'intonation, chaque fragment contient seulement trois notes, trois blanches, suivies d'une demi-pause.

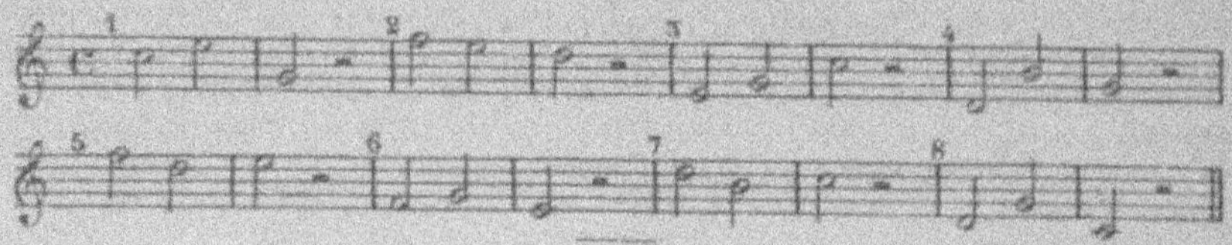

DIX-NEUVIEME LEÇON

REPONSES AU QUESTIONNAIRE

185. L'accentuation est la manière d'attaquer, de soutenir, de lier ou de détacher les sons. — 186. Le point placé au-dessus ou au-dessous des notes signifie que ces notes doivent être détachées, c'est-à-dire séparées l'une de l'autre par un court silence. — 187. Le point allongé indique que les notes au-dessus ou au-dessous desquelles il est placé doivent être piquées, un peu sèchement. — 188. Le signe Λ ou V placé au-dessus ou au-dessous d'une note indique qu'il faut marquer cette note plus fortement que les autres. — 189. Le signe > placé au-dessus ou au-dessous d'une note prévient que cette note doit être attaquée fortement et que le son doit aller en s'affaiblissant. — 190. A l'aise. — 191. Vif, rapide.

DEVOIR

DICTEE

VINGTIEME LEÇON

REPONSES AU QUESTIONNAIRE

192. La liaison d'accentuation est un signe qui sert à lier des notes d'intonations différentes, et indique qu'il faut exécuter ces notes en passant légèrement de l'une à l'autre, sans respirer. — 193. La liaison de prolongation est un signe qui unit deux ou plusieurs notes de même son, on ne nomme que la première, et on en soutient le son pendant

toute la durée des valeurs liées. — 194. Ils indiquent que les notes surmontées de ce double signe doivent être séparées les unes des autres et chantées un peu lourdement. — 195. Lent. — 196. Mouvement de marche. — 197. Peu à peu. — 198. Reprendre le mouvement qu'on a dû ralentir ou presser. — 199. Très faible. — 200. Doux. — 201. Notes portées.

DEVOIR

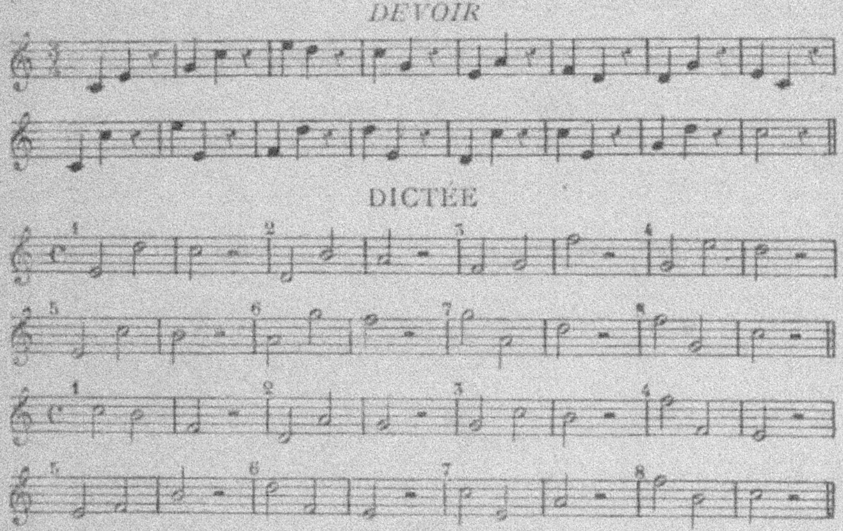

VINGT ET UNIÈME LEÇON

REPONSES AU QUESTIONNAIRE

202. Le signe < veut dire qu'il faut donner peu de son à la première note, un peu plus à la seconde et ainsi de suite jusqu'à la dernière des notes affectées de ce signe. — 203. Le signe > veut dire que le son de la première note est fort et que le son des autres notes décroît insensiblement jusqu'à la dernière note affectée de ce signe. — 204. Ce double signe <> indique que le son doit être doux en commençant et augmenté graduellement jusqu'à son entière intensité, ensuite le son diminue avec la même gradation régulière descendante jusqu'à sa sonorité primitive. — 205. Large, avec ampleur. — 206. Diminutif de Largo, un peu large. — 207. Reprendre le mouvement après un changement de mesure ou de mouvement. — 208. En mourant.

DEVOIR

DICTEE

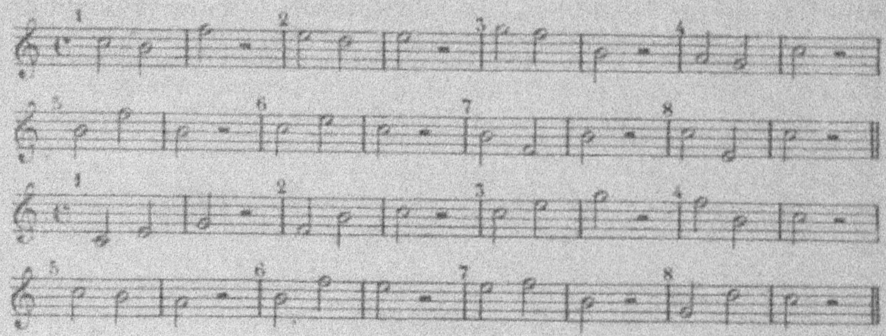

VINGT-DEUXIÈME LEÇON

REPONSES AU QUESTIONNAIRE

209. Point d'orgue. — 210. Le point d'orgue indique que la note sur laquelle ou sous laquelle il est placé peut être prolongée à volonté. — 211. Point d'arrêt. — 212. Le point d'arrêt indique que le silence au-dessus duquel il est placé peut être prolongé au-delà de sa durée normale. — 213 *P*. — 214. *PP*. — 215. *f*. — 216. *ff*.

DEVOIR

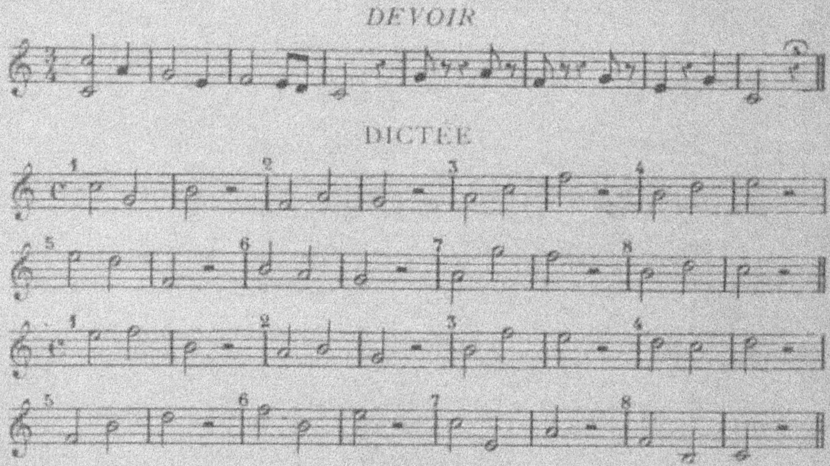

DICTEE

VINGT-TROISIEME LEÇON

REPONSES AU QUESTIONNAIRE

217. La double barre indique la fin d'un morceau ou d'une partie du morceau. — 218 Points de reprise. — 219. Ils indiquent que l'on doit

répéter la partie du morceau qui se trouve avant les deux points. — 220. Elle indique l'endroit où l'on doit reprendre le morceau quand on rencontrera une autre barre de reprise. — 221. On recommence le morceau jusqu'au mot FIN. — 222. D. C. — 223. Signe de renvoi. — 224. On doit retourner au même signe 𝄋 placé au commencement du morceau que l'on recommence jusqu'au mot FIN.

DEVOIR

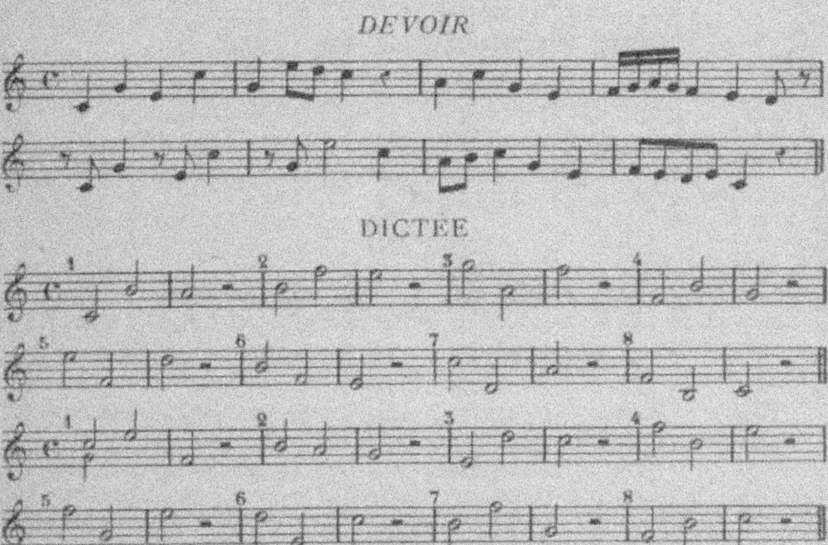

DICTÉE

VINGT-QUATRIÈME LEÇON

RÉPONSES AU QUESTIONNAIRE

225. Il augmente la note de la moitié de sa valeur. — 226. Point d'augmentation. — 227. Trois. — 228. Six. — 229. Six. — 230. Trois. — 231. Douze. — 232. Trois. — 233. Quatre-vingt-seize. — 234. Six. 235. Trois.

DEVOIR

DICTÉE

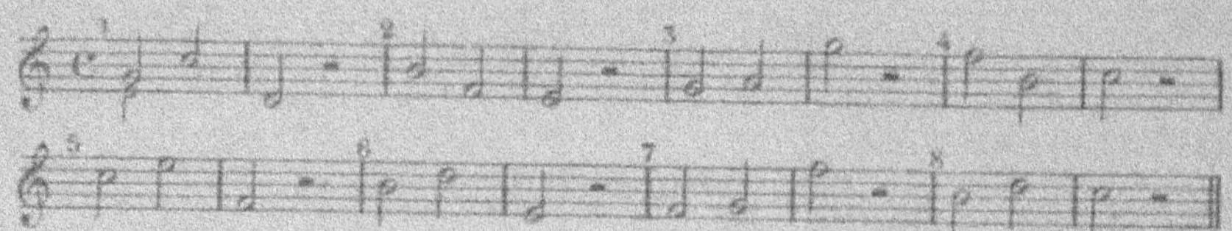

VINGT-CINQUIÈME LEÇON

RÉPONSES AU QUESTIONNAIRE

236. Il augmente ce silence de la moitié de sa valeur. — 237. La pause, la demi-pause et le soupir. — 238. Douze. — 239. Six. 240. Trois. — 241. Trois, — 242. Six. — 243. Trois.

DEVOIR

DICTÉE

Nous présentons ici, pour la première fois, une *dictée rythmique*.

L'élève doit être prévenu, afin que toute préoccupation lui soit évitée en ce qui concerne l'intonation, que dans les dictées de ce genre, les notes se succèdent constamment, soit en montant, soit en descendant, *par degrés conjoints*; quelquefois, mais exceptionnellement, on rencontrera le saut d'octave, qui n'offre aucune difficulté.

Rien ne s'oppose d'ailleurs, pour ces exercices purement rythmiques, à ce que les leçons soient, non pas vocalisées, mais *solfiées* par le professeur, ce qui a même l'avantage de donner plus de netteté et de précision à l'articulation des sons[a].

A l'égard des élèves qui auraient quelque peine à percevoir ces divisions rythmiques élémentaires, on devra procéder ainsi :

Le professeur solfie un fragment quelconque :

do si la sol la sol fa mi ré do

L'élève le répète aussitôt, d'abord une première fois en imitant de son mieux le professeur, puis une deuxième fois en battant la mesure :

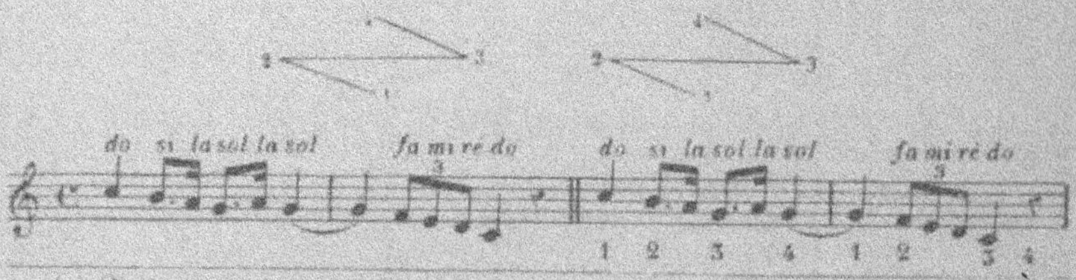

(a) On peut aussi au préalable, exécuter la Dictée entière.

Ce n'est qu'après cet exercice préparatoire qu'il doit écrire le fragment.

VINGT-SIXIÈME LEÇON

RÉPONSES AU QUESTIONNAIRE

244. La blanche pointée. — 245. Exceptionnellement, elle est considérée comme valeur simple. — 246. Valeurs composées. — 247. Division ternaire. — 248. Six, douze, vingt-quatre, quarante-huit, quatre-vingt-seize.

DEVOIR

DICTÉE

(a) Les *variantes* des deux premières mesures, que l'on rencontrera dans la plupart des Dictées, ont pour but de permettre au professeur de faire usage deux fois de la même Dictée, s'il le juge utile, sans que l'élève s'en aperçoive dès le début, comme cela a déjà été expliqué dès la 5me Leçon.

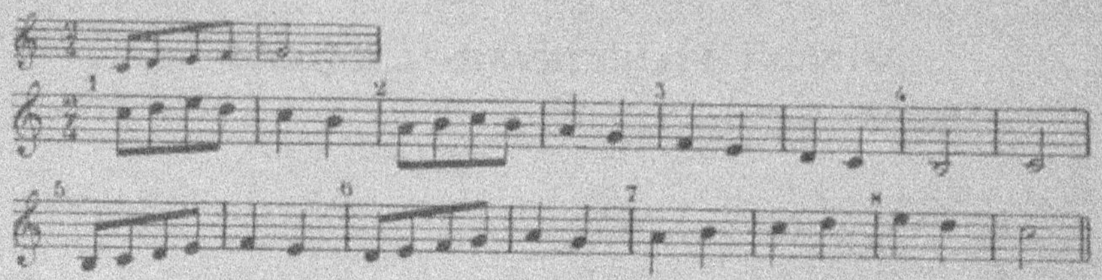

VINGT-SEPTIÈME LEÇON

REPONSES AU QUESTIONNAIRE

249. — Une demi-pause et un soupir. — 250. Le soupir. — 251. Un soupir et un demi-soupir. — 252. Le soupir. — 253. Le demi-soupir pointé. — 254. Le quart de soupir pointé. — 255. Le huitième de soupir pointé. — 256. Le seizième de soupir pointé. — 257. — Le demi-soupir pointé. — 258. Une pause et une demi-pause. — 259. Une pause, une demi-pause et un soupir.

DEVOIR

(a) Faire observer à l'élève que dans les mesures à trois temps, *l'unité de mesure*, c'est-à-dire la note qui remplit à elle seule une mesure entière, ne peut être écrite sans le secours du point.

VINGT-HUITIÈME LEÇON

RÉPONSES AU QUESTIONNAIRE

260. Un temps et demi. — 261. Un temps. — 262. Un demi-temps. — 263. Un quart de temps. — 264. Seize. — 265. Trente-deux. — 266 Un demi-soupir. — 267. Huit.

DEVOIR

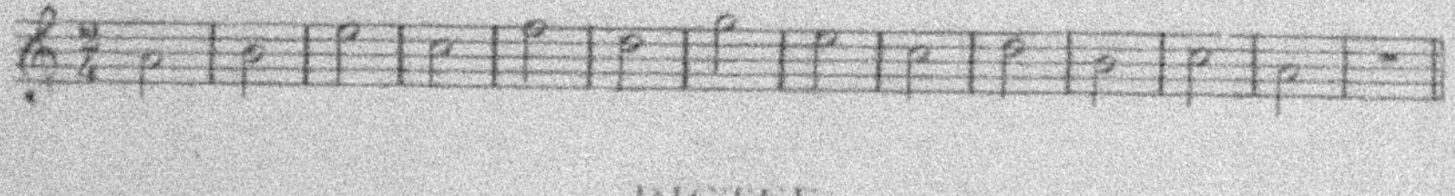

DICTÉE

VINGT-NEUVIÈME LEÇON

RÉPONSES AU QUESTIONNAIRE

268. Un temps et demi. — 269. Un demi-temps. — 270. Un temps. — 271. Six. — 272. Douze. — 273. Vingt-quatre. — 274. Quarante-huit. — 275. Un demi-soupir et un soupir. — 276. Une double croche. — 277. Seize. — 278. Un quart de soupir.

DEVOIR

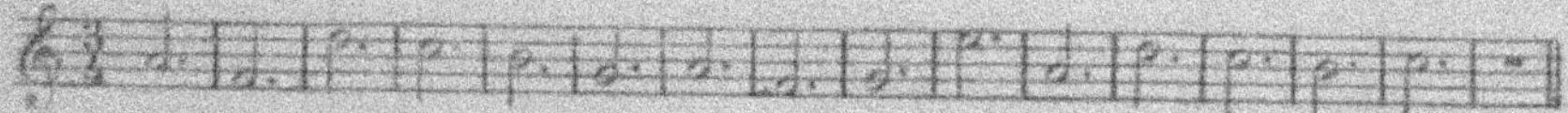

DICTÉE

TRENTIÈME LEÇON

RÉPONSES AU QUESTIONNAIRE

279. Trois temps. — 280. Un temps. — 281. Un temps et demi. — 282. Deux temps. — 283. Un demi-temps. — 284. Un demi-temps. — 285. Un quart de temps. — 286. Trois quarts de temps. — 287. Huit. — 288. Seize. — 289. Trente-deux. — 290. Soixante-quatre. — 291. Quatre. — 292. Un soupir pour le deuxième temps et une blanche pour les troisième et quatrième temps.

DEVOIR

La note la plus aiguë de ce devoir est Mi.

La note la plus grave est Si.

DICTÉE

TRENTE ET UNIÈME LEÇON

REPONSES AU QUESTIONNAIRE

293. C'est en modifier le son en le haussant ou en l'abaissant légèrement. — 294. Le dièse et le bémol. — 295. Il hausse d'un demi-ton le son de la note devant laquelle il est placé. — 296. Il abaisse d'un demi-ton le son de la note devant laquelle il est placé. — 297. Six. — 298. Un quart de soupir. — 299. Quatre.

DEVOIR

La note la plus aiguë est Sol.
La note la plus grave est Do.

DICTÉE

TRENTE-DEUXIÈME LEÇON

REPONSES AU QUESTIONNAIRE

300. Il affecte dans cette mesure toutes les notes de même nom que celle devant laquelle il est placé. — 301. Un soupir. — 302. Une croche. — 303. Une demi-pause. — 304. Une noire. — 305. Des doubles croches. — 306. Une double croche. — 307. Un quart de soupir. — 308. Quatre. — 309. Une croche. — 310. Un demi-soupir.

DEVOIR

La note la plus aiguë est Mi.

La note la plus grave est Si.

DICTEE

TRENTE-TROISIÈME LEÇON

RÉPONSES AU QUESTIONNAIRE

311. Au moyen du bécarre. — 312. Il est altération supérieure. — 313. Il est altération inférieure. — 314. Il annule le dièse ou le bémol.

DEVOIR

TRENTE-QUATRIÈME LEÇON

RÉPONSES AU QUESTIONNAIRE

315. En deux demi-tons. — 316. Au moyen d'une altération. — 317. Ré-ré♯ — Ré♯-mi. — 318. Fa-fa♯ — Fa♯-sol. — 319. Sol-sol♭ — Sol♭-fa. — 320. Sol-sol♯ — Sol♯-la. — 321. La-la♯ — La♯-si. — 322. Si-si♭ — Si♭-la. — 323. La-la♭ — La♭-sol. — 324. Mi-mi♭ — Mi♭-ré.

DEVOIR

DICTÉE

TRENTE-CINQUIÈME LEÇON

RÉPONSES AU QUESTIONNAIRE

325. Il se prolonge jusqu'à la fin de la mesure, à moins qu'il ne soit détruit par un autre signe d'altération. — 326. Altération accidentelle. — 327. On le place après la clef, au commencement de la portée, avant les chiffres indicateurs de la mesure. — 328. L'armature. — 329. Sur la cinquième ligne. — 330. Sur la troisième ligne.

DEVOIR

DICTÉE

TRENTE-SIXIÈME LEÇON

RÉPONSES AU QUESTIONNAIRE

331. Fa, do, sol, ré, la, mi, si. — 332. Dans le troisième interligne. — 333. Au-dessus de la cinquième ligne. — 334. Sur la quatrième ligne. — 335. Si, mi, la, ré, sol, do, fa. — 336. C'est qu'il est l'inverse. — 337. Dans le deuxième interligne. — 338. Dans le quatrième interligne. — 339. Sur la troisième ligne. — 340. Dans le quatrième interligne. — 341. Dans le deuxième interligne. — 342. Sur la quatrième ligne. — 343. Sur la deuxième ligne. — 344. Dans le troisième interligne. — 345. Dans le premier interligne.

DEVOIR

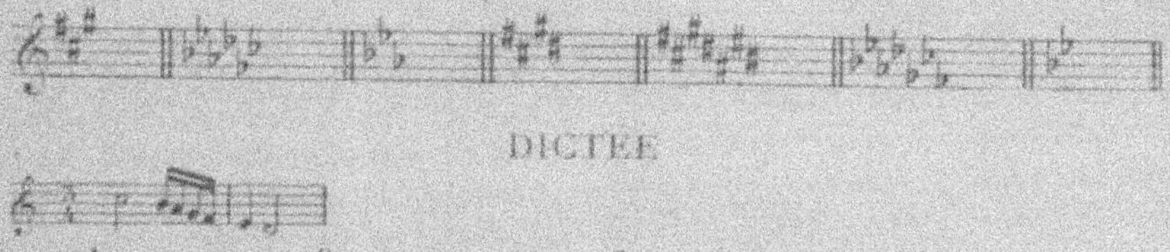

DICTÉE

TRENTE-SEPTIÈME LEÇON

RÉPONSES AU QUESTIONNAIRE

346. Le demi-ton diatonique et le demi-ton chromatique. — 347. C'est celui qui se trouve entre deux notes de noms différents. — 348. C'est celui qui se trouve entre deux notes de même nom et dont l'une est toujours altérée. — 349. Fa. — 350. Ré♯. — 351. Mi♯. — 352. Mi♭. — 353. Chromatique. — 354. Chromatique. — 355. Chromatique. — 356. Chromatique. — 357. Diatonique. — 358. Diatonique. — 359. Chromatique. — 360. Chromatique. — 361. Diatonique.

DEVOIR

DICTÉE

TRENTE-HUITIÈME LEÇON

RÉPONSES AU QUESTIONNAIRE

362. Tonique. — 363. Sus-tonique. — 364. Médiante. — 365. Sous-dominante. — 366. Dominante. — 367. Sus-dominante. — 368. Sensible. — 369. Les premier, quatrième et cinquième degrés. — 370. Les troisième, sixième et septième degrés. — 371. Si. — 372. Sol. — 373. Mi. — 374. Do, fa, sol. — 375. Mi, la, si. — 376. Ré.

DEVOIR

DICTÉE

TRENTE-NEUVIÈME LEÇON

RÉPONSES AU QUESTIONNAIRE

377. Un dièse : Fa. — 378. Le dièse, qui hausse le Fa d'un demi-ton, l'éloigne d'un ton de Mi, comme l'exige l'ordre de la gamme modèle, et le rapproche d'un demi-ton de Sol. Ce qui donne un ton du 6e au 7e degré et un demi-ton du 7e au 8e. — 379. Si. — 380. Ré. — 381. Fa dièse. — 382. Do.

DEVOIR

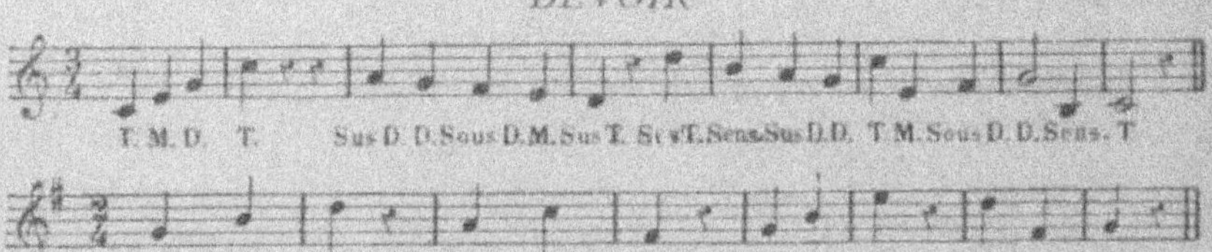

DICTÉE

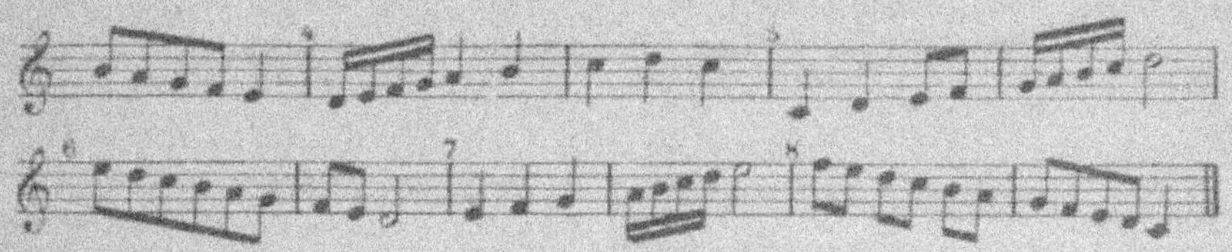

QUARANTIÈME LEÇON

REPONSES AU QUESTIONNAIRE

383. L'ensemble des sons d'une gamme. — 384. Non, on dit « il est en tel ton ». — 385. Qui désigne le ton. — 386. Qui annonce la tonique. — 387. La note la plus importante après la tonique. — 388. Au-dessous de la dominante. — 389. Entre la tonique et la dominante. — 390. Au-dessus de la tonique. — 391. Au-dessus de la dominante.

DEVOIR

DICTÉE

QUARANTE ET UNIÈME LEÇON

REPONSES AU QUESTIONNAIRE

392. La gamme de Ré majeur. — 393. Deux dièses : Fa, Do. — 394. Le premier dièse, qui hausse le Fa d'un demi-ton, l'éloigne d'un ton de Mi et le rapproche d'un demi-ton de Sol, ce qui donne bien un ton du 2e au 3e degré et un demi-ton du 3e au 4e. — 395. Le deuxième dièse qui hausse le Do d'un demi-ton l'éloigne d'un ton de Si et le rapproche

d'un demi-ton de Ré, ce qui donne bien un ton du 6e au 7e degré et un demi-ton du 7e au 8e. — 306. Elle est toujours à un demi-ton de la tonique. — 397. La gamme de La majeur. — 398. Trois dièses : Fa, Do Sol. — 399. Haussant le Fa d'un demi-ton il l'éloigne d'un ton de Mi ce qui donne un ton du 5e au 6e degré. — 400. Haussant le Do d'un demi-ton, il l'éloigne d'un ton de Si et le rapproche d'un demi-ton de Ré (un ton du 2e au 3e degré et un demi-ton du 3e au 4e. — 401. Haussant le Sol d'un demi-ton il l'éloigne d'un ton de Fa dièse et le rapproche d'un demi-ton de La (un ton du 6e au 7e degré et un demi-ton du 7e au 8e — 402. Sept. — 403. Sept. — 404. Par quintes ascendantes. — 405. Par quintes descendantes.

DEVOIR

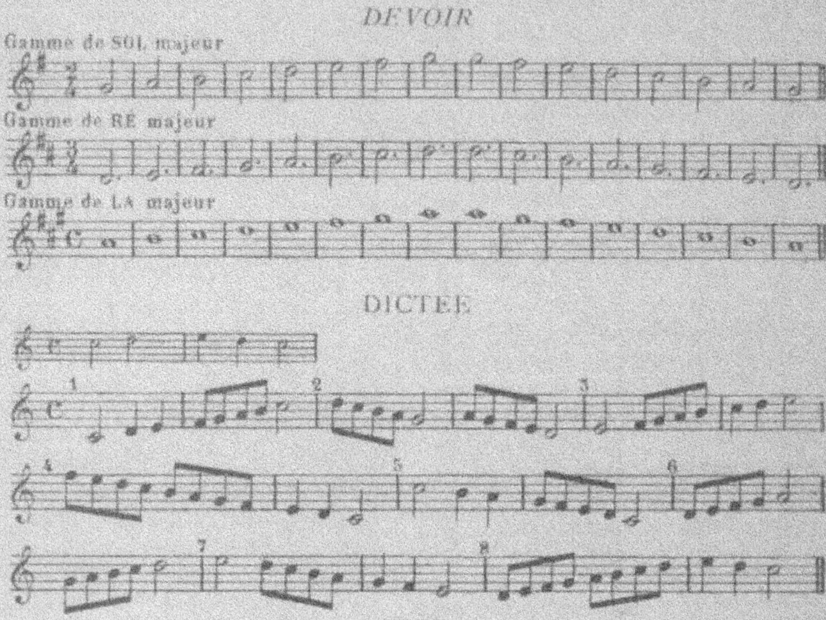

QUARANTE-DEUXIÈME LEÇON

REPONSES AU QUESTIONNAIRE

406. La gamme de Fa majeur. — 407. Un bémol : Si. — 408. Le premier bémol abaissant le Si d'un demi-ton, le rapproche de La (un demi-ton du 3e au 4e degré). — 409. La gamme de Si bémol majeur. — 410. Deux bémols : Si et Mi. — 411. Le premier bémol abaissant le Si d'un demi-ton, l'éloigne d'un ton de Do (un ton du 1er au 2e degré ; il le rapproche d'un demi-ton de La (un demi-ton du 7e au 8e degré. — 412. Le second bémol abaissant le Mi d'un demi-ton le rapproche de Ré (un demi-ton du 3e au 4e degré) et l'éloigne d'un ton de Fa (un ton du 4e au 5e degré). — 413. La gamme de Mi bémol majeur. — 414. Trois

bémols : Si, Mi, La. — 415. Abaissant le Si d'un demi-ton, il l'éloigne d'un ton de Do (un ton du 5e au 6e degré). — 416. Abaissant le Mi d'un demi-ton, il l'éloigne d'un ton de Fa (un ton du 1er au 2e degré) et le rapproche d'un demi-ton de Ré (un demi-ton du 7e au 8e degré). — 417. Abaissant le La d'un demi-ton, il le rapproche de Sol (un demi-ton du 3e au 4e degré) et l'éloigne d'un ton de Si bémol (un ton du 4e au 5e degré).

DEVOIR

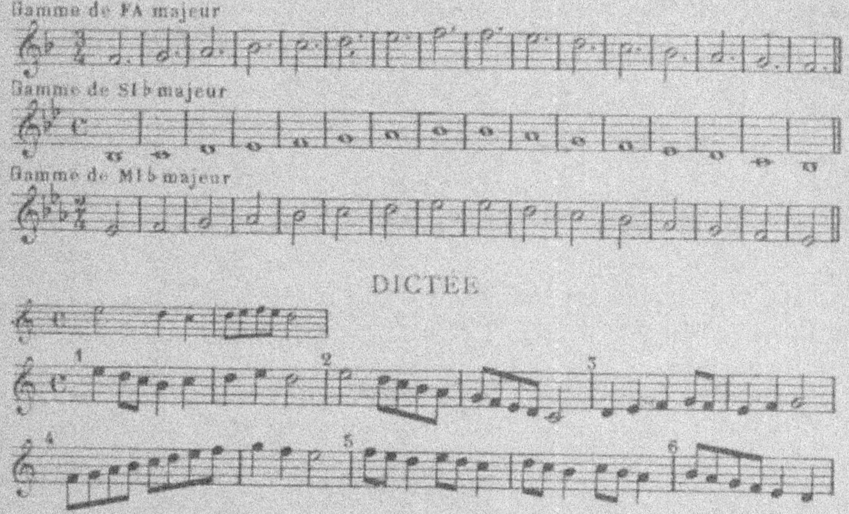

QUARANTE-TROISIÈME LEÇON

RÉPONSES AU QUESTIONNAIRE

418. Ce sont celles dont chaque valeur de temps est divisible par trois. — 419. Des mesures simples. — 420. Oui, toujours le même. — 421. En ajoutant un point à la valeur du temps simple. — 422. Une noire pointée. — 423. Division ternaire.

DEVOIR

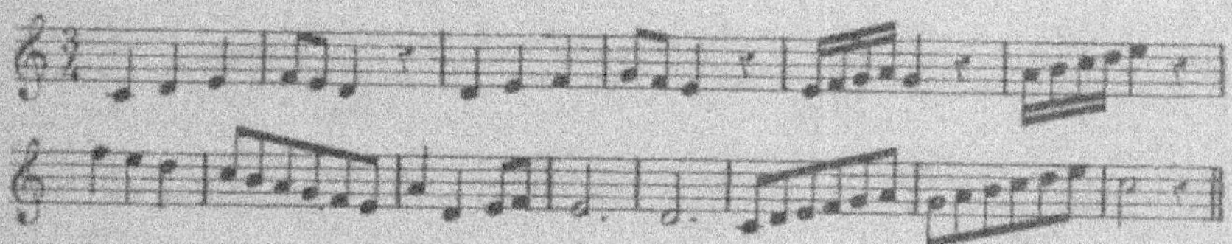

DICTÉE

QUARANTE-QUATRIÈME LEÇON

RÉPONSES AU QUESTIONNAIRE

424. La noire pointée. — 425. $\frac{6}{8}$. — 426. Le numérateur 6 indique que la mesure est divisée en six parties dont le nom est représenté par le dénominateur. — 427. Le dénominateur 8 indique que chacune de ces parties est une croche. — 428. Six croches.

DEVOIR

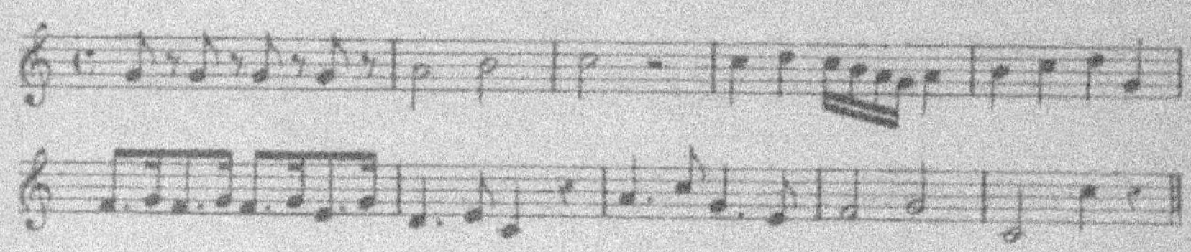

DICTÉE

QUARANTE-CINQUIÈME LEÇON

REPONSES AU QUESTIONNAIRE

429. A deux temps. — 430. La blanche pointée. — 431. La noire pointée. — 432. La pause. — 433. Au moyen d'un soupir et d'un demi-soupir. — 434. Parce que le soupir ne se pointe pas. — 435. Trois croches.

DEVOIR

DICTÉE

QUARANTE-SIXIÈME LEÇON

REPONSES AU QUESTIONNAIRE

436. $\frac{9}{8}$. — 437. A trois temps. — 438. Neuf croches. — 439. Trois. — 440. Le numérateur 9 indique que la mesure est divisée en neuf parties dont le nom est représenté par le dénominateur. — 441. Le dénominateur 8 indique que chacune de ces parties est une croche.

DEVOIR

DICTÉE

*A partir d'ici, chaque leçon contiendra deux Dictées, la première d'*INTONATION, *la deuxième de* RYTHME.

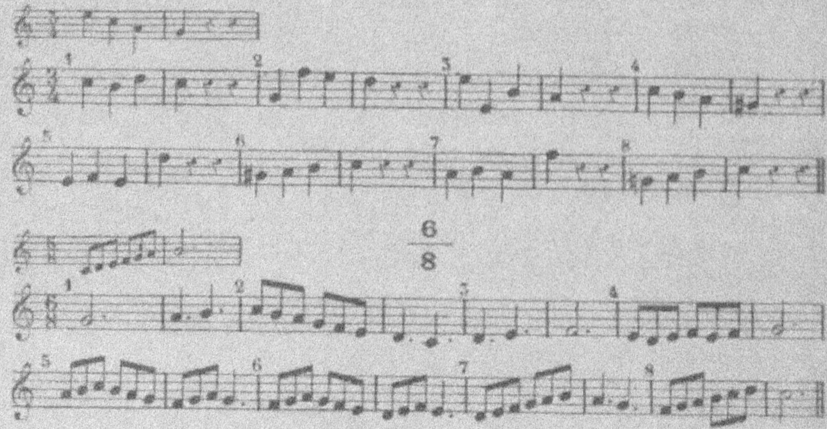

QUARANTE-SEPTIÈME LEÇON

RÉPONSES AU QUESTIONNAIRE

442. La blanche pointée liée à une noire pointée. — 443. Parce qu'il n'existe pas de valeur de note valant exactement neuf croches. — 444. La noire pointée. — 445. Trois. — 446. Par un soupir et un demi-soupir. — 447. Par un soupir et un demi-soupir, répétés trois fois. — 448. Parce que la mesure entière excède la valeur de la ronde.

DEVOIR

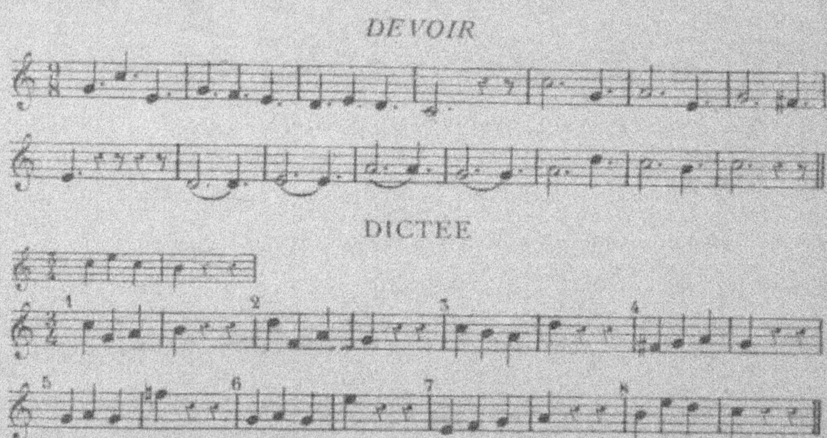

DICTÉE

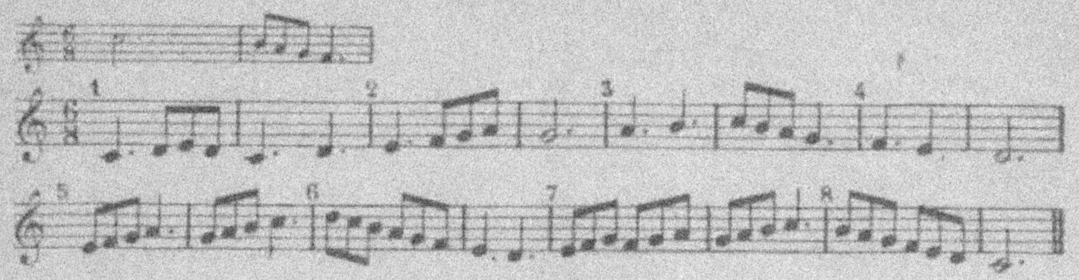

QUARANTE-HUITIÈME LEÇON

RÉPONSES AU QUESTIONNAIRE

449. $\frac{12}{8}$. — 450. A quatre temps. — 451. — Douze. — 452. Trois. — 453. Le numérateur 12 indique que la mesure est divisée en douze parties dont le nom est représenté par le dénominateur. — 454. Le dénominateur 8 indique que chacune de ces parties est une croche.

DEVOIR

DICTÉE

QUARANTE-NEUVIEME LEÇON

REPONSES AU QUESTIONNAIRE

455. La ronde pointée. — 456. La noire pointée. — 457. Quatre. — 458. Deux temps. — 459. Par un soupir et un demi-soupir, répétés quatre fois. — 460. Par un soupir et un demi-soupir. — 461. Deux.

DEVOIR

CINQUANTIÈME LEÇON

REPONSES AU QUESTIONNAIRE

462. On triple le chiffre supérieur et on double le chiffre inférieur de cette mesure simple. — 463. On divise par trois le chiffre supérieur et on divise par deux le chiffre inférieur de cette mesure composée. — 464. La. — 465. Fa. — 466. Do. — 467. Do dièse. — 468. Fa dièse. — 469. Sol dièse. — 470. Ré. — 471. Si bémol. — 472. La bémol. — 473. Fa. — 474. Do.

DEVOIR

CINQUANTE ET UNIÈME LEÇON

REPONSES AU QUESTIONNAIRE

475. Sous quatre formes différentes. — 476. Une ronde, une blanche une noire ou une croche. — 477. $\frac{2}{1}$, $\frac{2}{2}$, $\frac{2}{4}$, $\frac{2}{8}$ — 478. $\frac{3}{1}$, $\frac{3}{2}$, $\frac{3}{4}$, $\frac{3}{8}$. — 479. $\frac{4}{1}$, $\frac{4}{2}$, $\frac{4}{4}$, $\frac{4}{8}$. — 480. $\frac{2}{2}$ et $\frac{3}{8}$. — 481. Que la figure de note qui remplit un temps est la ronde. — 482. Que la figure de note qui remplit un temps est la croche. — 483. Que la figure de note qui remplit un temps est la blanche. — 484. Entre Ré et Mi bémol, entre La et Si bémol.

DEVOIR

CINQUANTE-DEUXIÈME LEÇON

RÉPONSES AU QUESTIONNAIRE

485. Le numérateur indique qu'il y a deux temps. — 486. Que chaque temps contient une blanche. — 487. Deux. — 488. La ronde. — 489. La blanche. — 490. ₵. — 491. Huit. — 492. Une noire. — 493. La pause. — 494. Huit.

DEVOIR

DICTÉE

CINQUANTE-TROISIÈME LEÇON

REPONSES AU QUESTIONNAIRE

495. La croche. — 496. La noire pointée. — 497. Trois. — 498. La pause. — 499. Une croche. — 500. Six. — 501. Quatre. — 502. Soixante-quatre. — 503. Le demi-soupir. — 504. La demi-pause. — 505. Huit.

DEVOIR

CINQUANTE-QUATRIÈME LEÇON

REPONSES AU QUESTIONNAIRE

506. Pour bien marquer le commencement de la mesure et bien faire sentir le rythme. — 507. Oui, ils se subdivisent comme les mesures. — 508. La première. — 509. La première. — 510. Sol et La bémol, Ré et Mi bémol. — 511. Fa dièse et Sol, Do dièse et Ré. — 512. Do et Ré bémol, Sol et La bémol. — 513. Do dièse et Ré, Sol dièse et La. — 514. Il joue le rôle de Dominante. — 515. Il joue le rôle de sus-tonique. — 516. Il joue le rôle de Dominante. — 517. Il joue le rôle de sensible. — 518. Il joue le rôle de sus-dominante. — 519. Il joue le rôle de sus-tonique. — 520. Il joue le rôle de sous-dominante.

DEVOIR

Dans l'exercice n° 1 l'intervalle demandé est *une neuvième.*

Dans l'exercice n° 2 l'intervalle demandé est *une onzième.*

DICTEE

CINQUANTE-CINQUIÈME LEÇON

RÉPONSES AU QUESTIONNAIRE

521. Il y a deux modes : le mode majeur et le mode mineur. — 522. C'est la manière d'être d'une gamme diatonique. — 523. Deux : la gamme diatonique majeure et la gamme diatonique mineure. — 524. Du 1er au 2e degré, du 3e au 4e, du 4e au 5e. — 525. Du 2e au 3e degré, du 5e au 6e, du 7e au 8e. — 526. Un ton et demi — 527. La gamme de La mineur — 528. La différence consiste dans le nombre et la place des tons et des demi-tons. — 529. Par la position du premier demi-ton dans la gamme. — 530. Tantôt le nom de sensible, tantôt celui de sous-tonique. — 531. La, Ré, Mi. — 532. Do, Fa, Sol. — 533. Le ton. — 534. Le mode.

DEVOIR

CINQUANTE-SIXIÈME LEÇON

RÉPONSES AU QUESTIONNAIRE

535. Pour ne pas avoir d'équivoque avec la gamme relative majeure et pour obtenir une sensible caractéristique. — 536. Au moyen d'une altération accidentelle. — 537. Parce que, comme la gamme de Do majeur, elle ne comporte aucune altération à l'armature. — 538. Si-Do. — 539. Mi-Fa. — 540. Sol dièse-La. — 541. Mi. — 542. Si. — 543. Ré. — 544. Sol dièse. — 545. Do. — 546. Fa. — 547. Cinq tons. — 548. Deux demi-tons.

DEVOIR

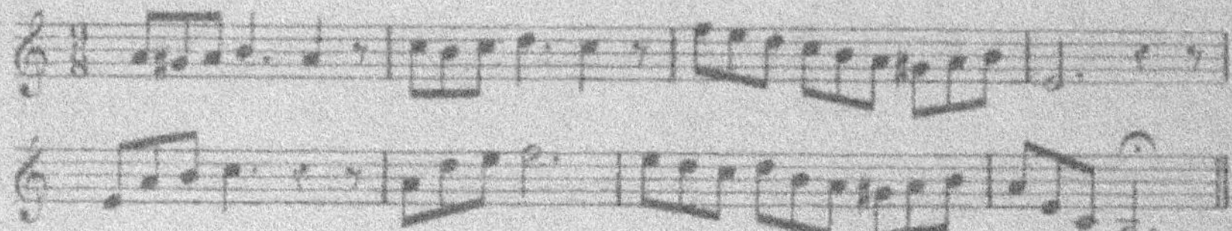

Cet exercice est dans le ton de La mineur.

DICTÉE

CINQUANTE-SEPTIÈME LEÇON

RÉPONSES AU QUESTIONNAIRE

549. A un ton et un demi-ton diatonique au-dessous de la tonique de la gamme majeure. — 550. Oui. — 551. Sept. — 552. Mi, Si, Fa dièse, Do dièse, Sol dièse, Ré dièse, La dièse. — 553. Par quintes ascendantes. — 554. Sept. — 555. Par quintes descendantes. — 556. Oui, sans exception.

DEVOIR

DICTÉE

CINQUANTE-HUITIÈME LEÇON

RÉPONSES AU QUESTIONNAIRE

557. La gamme de Mi mineur. — 558. Sol majeur. — 559. Un dièse : Fa. — 560. Le premier dièse haussant le fa d'un demi-ton l'éloigne d'un ton de Mi et le rapproche d'un demi-ton de Sol (un ton du 1er au 2e degré, un demi-ton du 2e au 3e). — 561. Ré dièse. — 562. Le dièse haussant le Ré d'un demi-ton l'éloigne d'un ton et demi de Do et le rapproche de Mi (un ton et demi du 6e au 7e degré et un demi-ton du 7e au 8e degré). — 563. La gamme de Si mineur. — 564. Ré majeur. — 565. Deux dièses : Fa et Do. — 566. Le dièse haussant le Fa d'un demi-ton l'éloigne de Mi et le rapproche de Sol (un ton du 4e au 5e degré et un demi-ton du 5e au 6e degré). — 567. Le dièse haussant le Do l'éloigne d'un ton de Si et le rapproche de Ré (un ton du 1er au 2e degré et un demi-ton du 2e au 3e). — 568. La dièse. — 569. Le dièse haussant le La l'éloigne de Sol et le rapproche de Si (un ton et demi du 6e au 7e degré et un demi-ton du 7e au 8e). — 570. La gamme de Fa dièse mineur. — 571. La majeur. —

572. Trois dièses : fa, do, sol. — 573. Mi dièse. — 574. Haussant le Mi, il l'éloigne de Ré et le rapproche de Fa dièse (un ton et demi du 6e au 7e degré et un demi-ton du 7e au 8e).

DEVOIR

Cet exercice est dans le ton de Mi mineur.

DICTÉE

CINQUANTE-NEUVIÈME LEÇON

RÉPONSES AU QUESTIONNAIRE

575. La gamme de Ré mineur. — 576. De la gamme de Fa majeur. — 577. Un bémol : Si. — 578. Do dièse. — 579. Le dièse placé devant Do rapproche le 7e degré d'un demi-ton du 8e, ce qui est conforme au plan de la gamme mineure. — 580. La gamme de Sol mineur. — 581. De la gamme de Si bémol majeur. — 582. Deux bémols : Si et Mi. — 583. Fa dièse. — 584. La gamme de Do mineur. — 585. De la gamme de Mi bémol majeur. — 586. Trois bémols : Si, Mi et La. — 587. Si bécarre.

DEVOIR

Cet exercice est dans le ton de Ré mineur.

DICTÉE

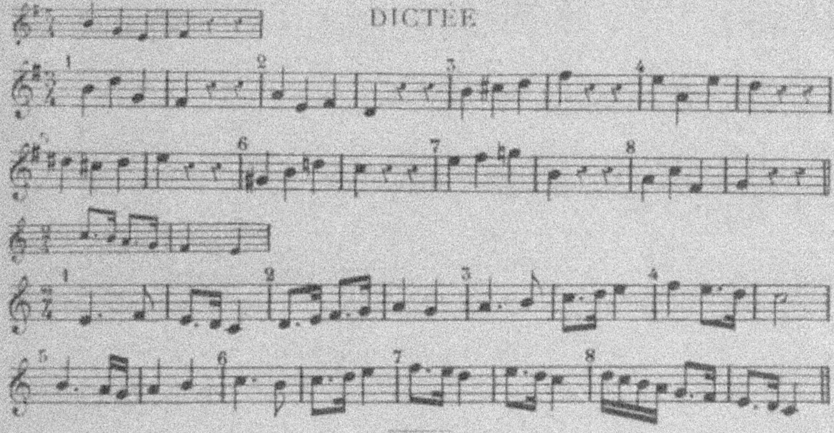

SOIXANTIÈME LEÇON

RÉPONSES AU QUESTIONNAIRE

588. Le changement de ton ou de mode survenant dans le cours d'un morceau. — 589. Par les altérations caractéristiques du nouveau ton. — 590. Les altérations chromatiques. — 591. Mi-fa, la-si bémol, do dièse-ré. — 592. La-si bémol, ré-mi bémol, fa dièse-sol. — 593. Ré-mi bémol, sol-la bémol, si-do. — 594. Le rôle de sous-dominante. — 595. Le rôle de tonique. — 596. La. — 597. Mi bémol. — 598. Mi bémol. — 599. La bémol. — 600. Fa.

DEVOIR

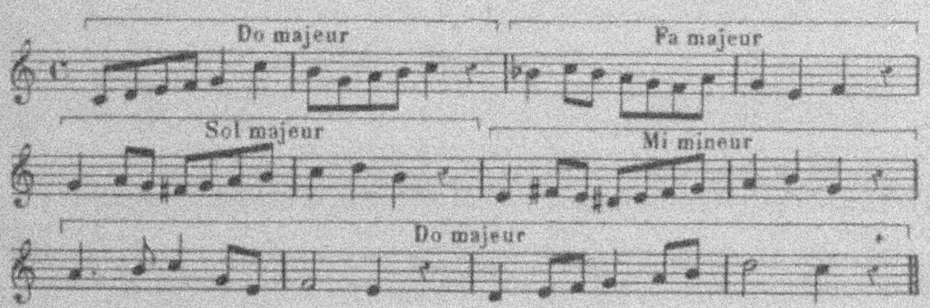

DICTÉE

SOIXANTE ET UNIÈME LEÇON

RÉPONSES AU QUESTIONNAIRE

601. Par l'emploi des syncopes et des contretemps. — 602. Une syncope est une note qui, commencée sur un temps faible ou sur la partie faible d'un temps, se prolonge sur un temps fort ou sur la partie forte d'un temps. — 603. La liaison de prolongation. — 604. Un ton. — 605. Un demi-ton.

DEVOIR

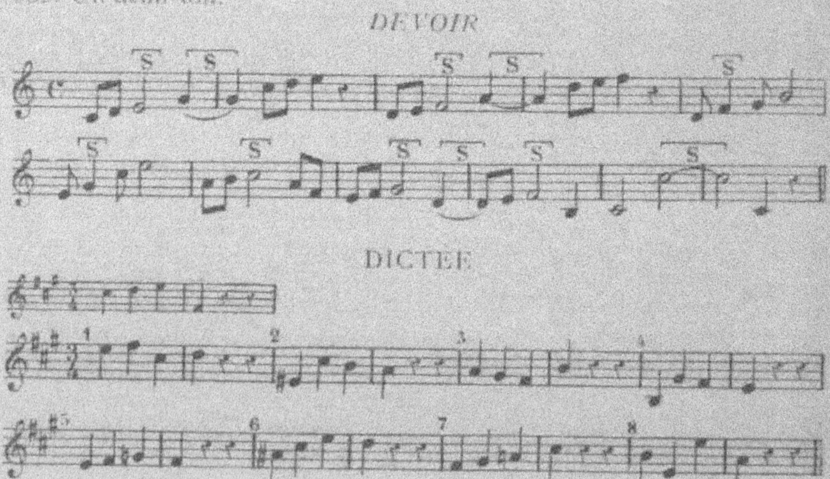

SOIXANTE-DEUXIÈME LEÇON

RÉPONSES AU QUESTIONNAIRE

606. On appelle syncope égale celle dont les deux parties sont d'égale durée. — 607. Celle dont la deuxième partie est plus courte que la première. — 608. Celle dont la deuxième partie est plus longue que la première. — 609. Syncope égale. — 610. Syncope égale. — 611. Syncope inégale. — 612. Syncope égale. — 613. Syncope boiteuse. — 615. Syncode boiteuse. — 615. Syncope inégale.

DEVOIR

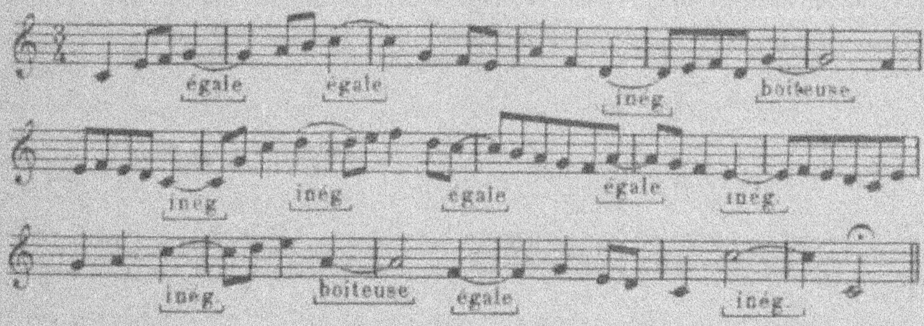

DICTÉE

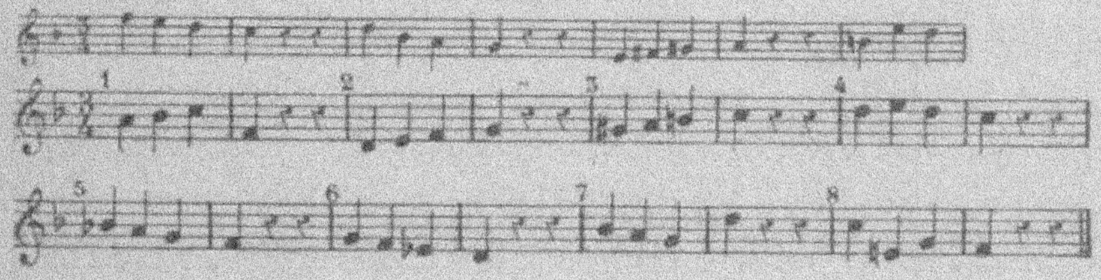

SOIXANTE-TROISIÈME LEÇON

REPONSES AU QUESTIONNAIRE

616. Quand une note au temps faible est suivie d'un silence au temps fort ou encore quand on attaque la note sur la partie faible du temps, sans la prolonger sur le temps fort ou sur la partie forte du temps suivant. — 617. Syncope inégale. — 618. Syncope inégale. — 619. Syncope boiteuse. — 620. Syncope égale. — 621. Syncope égale

DEVOIR

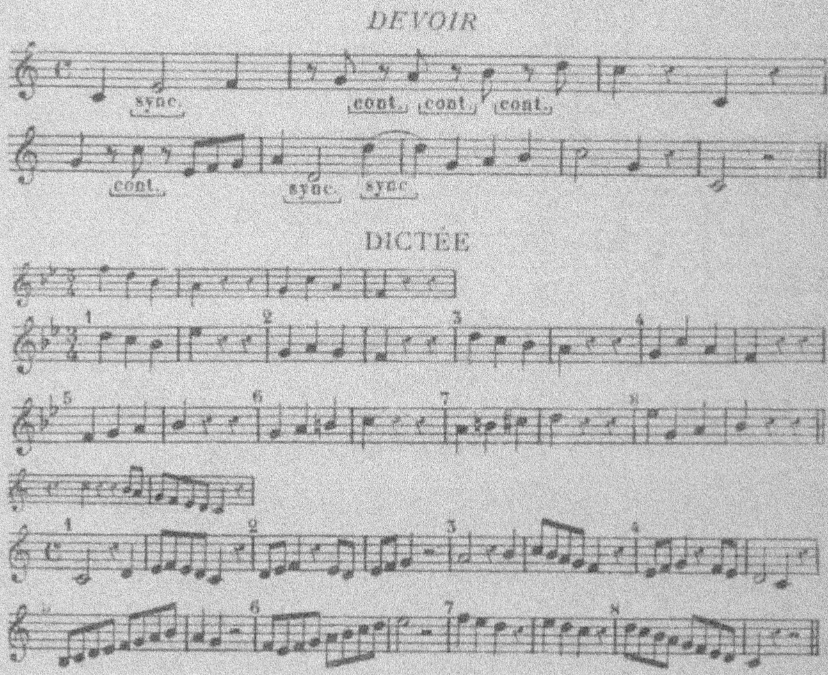

SOIXANTE-QUATRIÈME LEÇON

RÉPONSES AU QUESTIONNAIRE

622. Il y a deux espèces de contretemps : le contretemps égal et le contretemps inégal. — 623. Celui dont les deux parties, note et silence, ont la même durée. — 624. Celui dont l'une des deux parties est plus longue que l'autre. — 625. Contretemps égal. — 626. Contretemps égal. — 627. Contretemps inégal. — 628. Contretemps inégal. — 629. Contretemps inégal. — 630. Contretemps inégal.

DEVOIR

DICTÉE

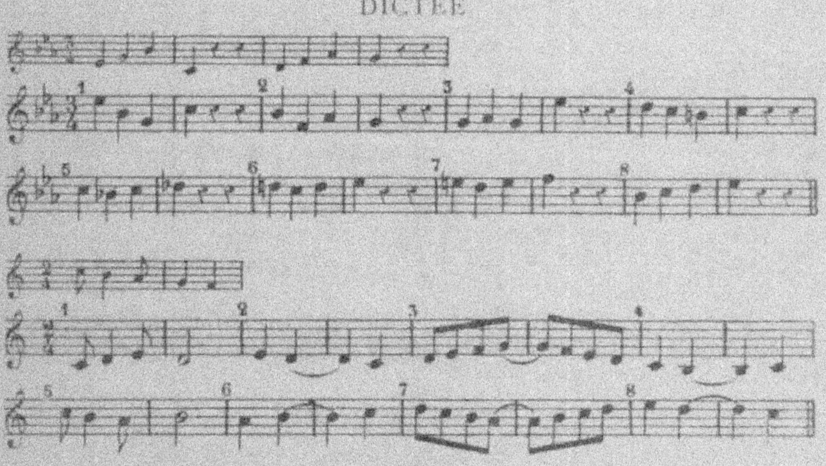

SOIXANTE-CINQUIÈME LEÇON

RÉPONSES AU QUESTIONNAIRE

631. C'est la division ternaire d'une valeur de note simple. — 632. Par le chiffre 3 placé au-dessus ou au-dessous du groupe de trois notes constituant le triolet. — 633. La valeur de deux triples croches. — 634.

La valeur de deux doubles croches. — 635. La valeur de deux noires. — 636. La valeur de deux croches. — 637. La valeur de deux quadruples croches.

DEVOIR

Cet exercice est dans le ton Ré majeur.

DICTÉE

SOIXANTE-SIXIÈME LEÇON

REPONSES AU QUESTIONNAIRE

638. Elles doivent être exécutées dans le même laps de temps que les deux notes qu'elles remplacent. — 639. Trois. — 640. Six. — 641. Trois. — 642. Trois. — 643. Trois. — 644. Six. — 645. Un temps. — 646. Un temps. — 647. Un temps. — 648. Un demi-temps. — 649. Un temps. — 650. Un temps. — 651. Trois.

DEVOIR

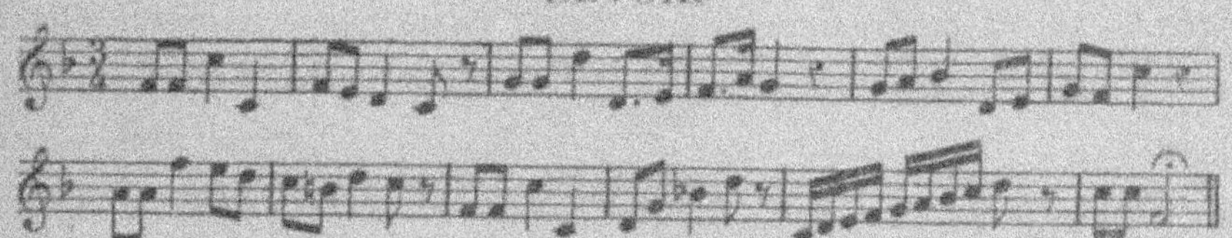

Cet exercice est dans le ton de Fa majeur.

DICTÉE

SOIXANTE-SEPTIÈME LEÇON

RÉPONSES AU QUESTIONNAIRE

652. Il y a deux genres : le genre diatonique et le genre chromatique. — 653. Le genre diatonique est celui qui procède par tons et demi-tons diatoniques. — 654. Le genre chromatique est celui qui procède par demi-tons successifs. — 655. Treize. — 656. Sept. — 657. Cinq. — 658. Do♯ ré - Ré♯ mi - Mi fa - Fa♯ sol - Sol♯ la - La si♭ - Si do. — 659. Do do♯ - Ré ré♯ - Fa fa♯ - Sol sol♯ - Si♭ si♮. — 660. Au genre diatonique. — 661. Au genre diatonique. — 662. Au genre chromatique.

DEVOIR

DICTÉE

SOIXANTE-HUITIÈME LEÇON

RÉPONSES AU QUESTIONNAIRE

663. Non. — 664. Juste, majeure, mineure, diminuée, augmentée. — 665. Suivant le nombre de tons et de demi-tons qu'ils contiennent et aussi suivant l'espèce des demi tons. — 666. Le ton

DEVOIR

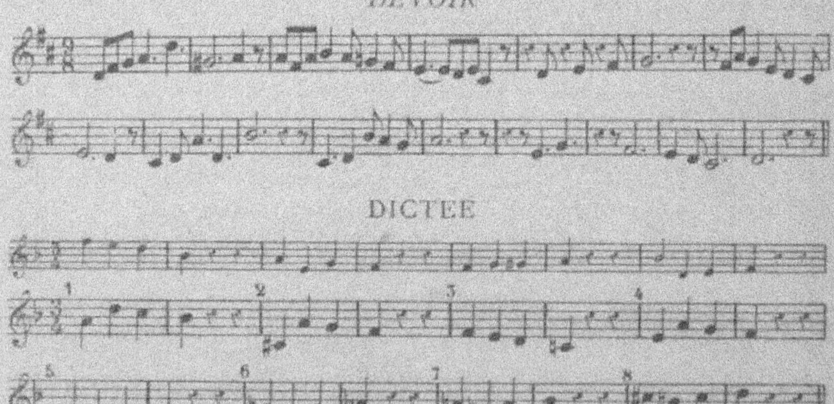

DICTÉE

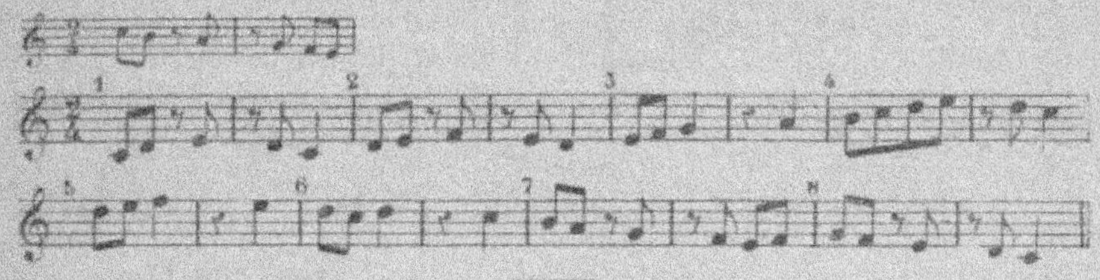

SOIXANTE-NEUVIÈME LEÇON

RÉPONSES AU QUESTIONNAIRE

667. Une quarte juste. — 668. Une octave juste. — 669. Une seconde majeure. — 670. Une sixte majeure. — 671. Une septième majeure. — 672. Une quinte juste. — 673. Une tierce majeure. — 674. Deux tons — 675. Deux tons et un demi-ton diatonique. — 676. L'octave juste. — 677. Trois tons et un demi-ton diatonique. — 678. La septième majeure. — 679. Un ton. — 680. La sixte majeure.

DEVOIR

SOIXANTE-DIXIÈME LEÇON

RÉPONSES AU QUESTIONNAIRE

681. En ajoutant ou en retranchant un ou plusieurs demi-tons chromatiques. — 682. Une seconde augmentée. — 683. Une seconde mineure. — 684. Un demi-ton diatonique. — 685. Un ton et un demi-ton chromatique. — 686. Une quarte juste. — 687. Une septième majeure. — 688. Une tierce majeure. — 689. Une sixte majeure. — 690. La bémol. — 691. Si. — 692. La bémol.

DEVOIR

DICTÉE

SOIXANTE ET ONZIÈME LEÇON

RÉPONSES AU QUESTIONNAIRE

693. Une tierce augmentée. — 694. Une tierce mineure. — 695. Deux tons et un demi-ton chromatique. — 696. Un ton et un demi-ton diatonique. — 697. D'un demi-ton chromatique. — 698. D'un demi-ton chromatique. — 699. La. — 700. Do. — 701. Sol. — 702. Si bémol. — 703. Sol. — 704. Fa dièse.

DEVOIR

DICTÉE

SOIXANTE-DOUZIÈME LEÇON

REPONSES AU QUESTIONNAIRE

705. Une quarte augmentée. — 706. Une quarte diminuée. — 707. Deux tons, un demi-ton diatonique et un demi-ton chromatique. — 708. Un ton et deux demi-tons diatoniques. — 709. Triton. — 710. Sol dièse. — 711. Si. — 712. Sol bémol. — 713. La bémol. — 714. Ré dièse. — 715. Une quarte augmentée. — 716. Une quarte juste.

DICTEE

SOIXANTE-TREIZIÈME LEÇON

RÉPONSES AU QUESTIONNAIRE

717. Une quinte augmentée. — 718. Une quinte diminuée. — 719. Trois tons, un demi-ton diatonique et un demi-ton chromatique. — 720. Deux tons et deux demi-tons diatoniques. — 721. D'un ton. — 722. La dièse. — 723. Mi bémol. — 724. Do dièse. — 725. Ré dièse. — 726. Do bémol. — 727. Ré bémol.

DEVOIR

SOIXANTE-QUATORZIÈME LEÇON

RÉPONSES AU QUESTIONNAIRE

728. Une sixte augmentée. — 729. Une sixte mineure. — 730. Quatre tons, un demi-ton diatonique et un demi-ton chromatique. — 731. Trois tons et deux demi-tons diatoniques. — 732. Mi dièse. — 733. Si bémol. — 734. Sixte majeure. — 735. Sixte mineure. — 736. Sixte mineure. — 737. Sol. — 738. Sol dièse.

DEVOIR

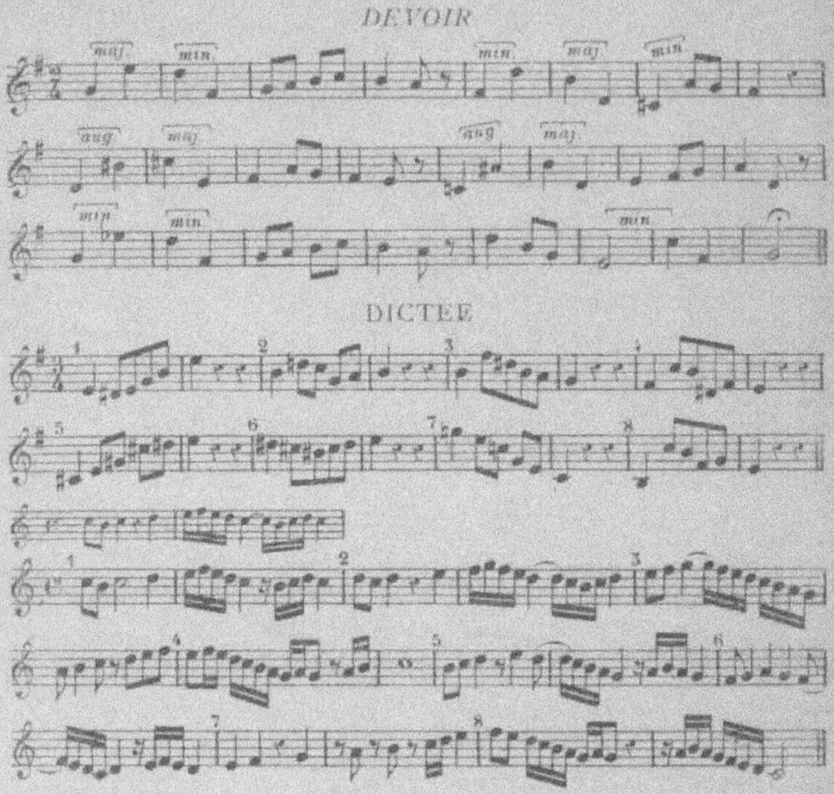

SOIXANTE-QUINZIÈME LEÇON

RÉPONSES AU QUESTIONNAIRE

739. Une septième augmentée. — 740. Une septième mineure. — 741. Cinq tons, un demi-ton diatonique et un demi-ton chromatique. — 742. Quatre tons et deux demi-tons diatoniques. — 743. Do. — 744. Mi dièse. — 745. Do dièse. — 746. Septième majeure. — 747. Septième majeure. — 748. Septième mineure. — 749. Septième mineure.

DEVOIR

DICTÉE

SOIXANTE-SEIZIÈME LEÇON

REPONSES AU QUESTIONNAIRE

750. Une octave augmentée. — 751. Une octave diminuée. — 752. Cinq tons, deux demi-tons diatoniques et un demi-ton chromatique. — 753. — Quatre tons et trois demi-tons diatoniques. — 754. Une octave juste. — 755. Une octave diminuée. — 756. Une octave augmentée. — 757. Une octave juste. — 758. Une octave augmentée. — 759. Sol dièse. — 760. Une octave diminuée.

DEVOIR

SOIXANTE-DIX-SEPTIÈME LEÇON

RÉPONSES AU QUESTIONNAIRE

761. Diminuée, juste et augmentée. — 762. Diminuée, mineure majeure et augmentée. — 763. Diminuée, juste et augmentée. — 764. Diminuée, juste et augmentée. — 765. Diminuée, mineure, majeure et augmentée. — 766. Diminuée, mineure, majeure et augmentée. — 767. Diminuée, mineure, majeure et augmentée. — 768. Non, puisque les deux notes qui la composeraient seraient identiquement semblables ; c'est donc un intervalle nul. — 769. Une tierce mineure. — 770. Une quarte juste.

DEVOIR

SOIXANTE-DIX-HUITIÈME LEÇON

RÉPONSES AU QUESTIONNAIRE

771. Une tierce majeure. — 772. Une quinte augmentée. — 773. Une quarte augmentée. — 774. Une quinte diminuée. — 775. Une septième mineure. — 776. Une sixte mineure. — 777. Une seconde mineure. — 778. Une seconde majeure. — 779. Une seconde augmentée. — 780. Une seconde augmentée.

DEVOIR

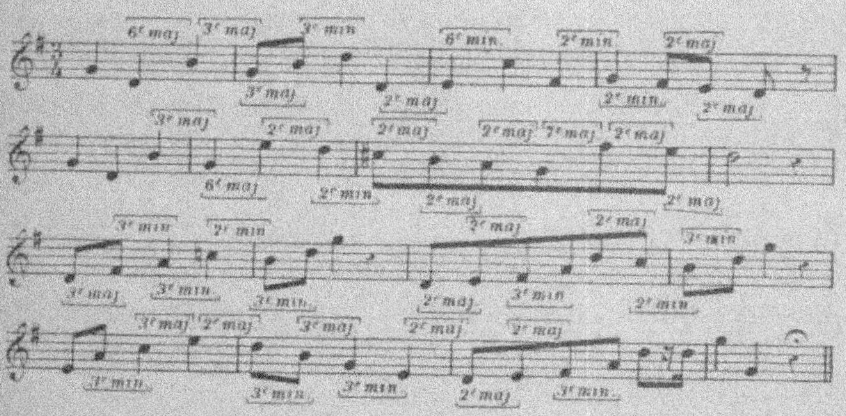

DICTÉE

SOIXANTE-DIX-NEUVIÈME LEÇON

RÉPONSES AU QUESTIONNAIRE

781. On appelle enharmonie le rapport qui existe entre deux notes de noms différents mais qui ont le même son. — 782. Sol bémol. — 783. Sol dièse. — 784. Si dièse. — 785. Mi dièse. — 786. Ré dièse. — 787. Fa bémol. — 788. La bémol. — 789. Si bémol. — 790. Mi bémol. — 791. Do dièse. — 792. Do bémol. — 793. La tierce mineure.

DEVOIR

DICTÉE

QUATREVINGTIÈME LEÇON

RÉPONSES AU QUESTIONNAIRE

794. Ré. — 795. Si. — 796. Fa. — 797. Mi. — 798. Do. — 799. Do. — 800. Mi.

DEVOIR

DICTÉE

Imp. Chambaud et Cie, 20, Rue de la Tour d'Auvergne. Paris. Février 1905.

www.ingramcontent.com/pod-product-compliance
Ingram Content Group UK Ltd.
Pitfield, Milton Keynes, MK11 3LW, UK
UKHW020425180726
13839UKWH00003B/1386